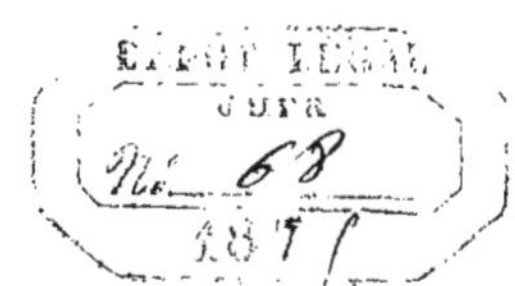

NOTICE BIOGRAPHIQUE

SUR

LE GÉNÉRAL

ADRIEN WOLL

A

M. LE COMTE DE NICOLAY

MARQUIS DE BERCY

NOTICE BIOGRAPHIQUE

SUR

LE GÉNÉRAL

ADRIEN WOLL

Homme par Dieu,
Général par mon épée.
(Devise du général Woll.)

LONS-LE-SAUNIER

IMPRIMERIE ET LITHOGRAPHIE JULES LANÇON

1875

A Monsieur le comte de Nicolay
marquis de Bercy

Permettez-moi, Monsieur le Marquis, de vous offrir une courte notice biographique du général ADRIEN WOLL, pour lequel vous fûtes toujours un ami sincère, comme un bienfaiteur dévoué.

C'était avec des larmes dans les yeux que le général parlait de vous et de votre noble famille, toujours si bonne pour lui, depuis son plus jeune âge ; aussi sa reconnaissance ne s'est jamais démentie, et son bonheur a toujours été de proclamer vos bienfaits à tous ceux qui l'approchaient dans l'intimité. Sa reconnaissance, en effet, débordait de sa belle âme, et l'un des plus grands chagrins de sa vie était de ne pouvoir pas vous l'exprimer, encore moins vous la prouver, comme il l'aurait voulu.

Je dois à la mémoire, comme à la gratitude du général vous montrer combien il était digne de l'intérêt que vous portiez à celui que l'honneur, la droiture et la bravoure ont élevé si haut dans sa patrie adoptive. Mais que de faits et de traits qui dévoileraient la grandeur des qualités de son cœur et de son esprit, et qui ne peuvent trouver place dans une biographie !

Veuillez donc, Monsieur le Marquis, accepter cette rapide esquisse de la vie publique du général, comme un simple hommage de l'affectueux respect de sa veuve ; acceptez-la comme un souvenir de celui qui, jusqu'à son dernier moment, ne prononçait votre nom qu'avec l'émotion d'un cœur profondément touché de votre généreuse sollicitude pour la vieillesse d'un brave soldat, chef de la maison militaire de l'infortuné Empereur Maximilien.

LUCILE DE WOLL.

NOTICE BIOGRAPHIQUE

SUR

LE GÉNÉRAL

ADRIEN WOLL

La guerre de l'Indépendance des États-Unis suscita de tels enthousiasmes en France, parmi les gentilshommes dont l'épée était inoccupée, qu'un très-grand nombre de jeunes gens de famille se rendirent en Amérique seconder Lafayette et les Américains à secouer le joug de la mère-patrie, qui pesait durement sur eux.

Après la déclaration de l'Indépendance des États-Unis l'enthousiasme fit place à la sympathie; on n'allait plus en Amérique pour se battre, puisqu'on ne s'y battait plus, mais on y allait par curiosité et pour courir les aventures chevaleresques, sinon pour y chercher un peu fortune.

Cependant l'Amérique espagnole frémissait sous le despotisme inintelligent de Madrid, et, comme sa sœur du Nord, après avoir demandé des soulagements qui lui furent refusés, elle finit par réclamer son autonomie.

Au Mexique ces querelles, entre la métropole et ses colonies, amenèrent une grande effusion de sang. Hidalgo leva le premier le drapeau de l'indépendance, en 1810. Morelos lui succéda dans le commandement de l'armée nationale et paya de sa vie, comme son prédécesseur, les efforts généreux qu'il fit pour affranchir ses compatriotes de la

tyrannie espagnole. Torrès fut ensuite nommé généralis-
sime de l'armée indépendante ; mais incapable de conduire
à bonne fin pareille entreprise, il alla s'enfermer dans la
forteresse de Los-Bemedios.

C'est alors que Xavier Mina, neveu du fameux guerillero
de ce nom, vint au secours des Mexicains. A New-York,
à Baltimore et dans d'autres villes des États-Unis, il enrola
sept à huit cents jeunes gens, parmi lesquels se trouvaient
Adrien Woll, et le frère du célèbre astronome, Jean
Arago.

Adrien Woll était un jeune officier de la garde impériale, né à Saint-Germain en Laye, le 2 décembre 1795.
Il avait fait d'excellentes études au lycée de Dijon et s'y
distingua par une intelligence exceptionnelle, la vivacité
de son esprit, une mémoire merveilleuse qui ne lui fit
jamais défaut, et un amour passionné pour les classiques
et la poésie. A l'âge de quatre-vingts ans, c'est-à-dire peu
de jours avant sa mort, il se plaisait encore à réciter de
mémoire de longs passages d'Horace, de Virgile, des scênes
entières de Corneille, de Racine et des fragments d'une
tragédie qu'il avait improvisée au lycée de Dijon, et qui
fut jouée par ses camarades un jour de fête.

Sans fortune, le jeune Adrien Woll était élevé par le
marquis de Nicolay, son parrain, qui lui inspira de bonne
heure les plus nobles sentiments sur l'honneur et l'amour
du devoir. Ces sentiments se développèrent rapidement
dans une nature aussi riche, aussi généreuse que l'était
celle d'Adrien.

Ses études achevées, il entra, à l'âge de dix-huit ans,
comme vélite-lancier, au 2ᵉ régiment de la garde nationale.
En 1814, il assistait à la défense de Paris, avec le grade
d'adjudant au 4ᵉ bataillon de la garde nationale, et,

l'année suivante, 17 avril 1815, il fut nommé capitaine adjudant-major au 3ᵉ bataillon de la même légion.

Pendant son séjour à Paris, il allait fréquemment se reposer des fatigues du service militaire sous les délicieux ombrages du parc de Bercy, chez son parrain. La famille du marquis avait toujours été une seconde famille pour lui. Les salons de M. de Nicolay étaient alors les plus brillants et les plus recherchés des grands personnages de cette époque, et le jeune Adrien y puisa cette exquise distinction qu'il conserva jusqu'à son lit de mort.

Peu de temps après la bataille de Waterloo, Adrien Woll, désirant consacrer son épée au service de quelque grande idée, partit pour les Etats-Unis, avec l'approbation de son parrain, et sans autre fortune qu'une pension honorable que lui faisait le marquis de Nicolay.

A New-York, il fit la connaissance du général Mina qui préparait alors son expédition du Mexique, et s'empressa de lui offrir, le 3 juillet 1816, un brevet provisoire de major d'infanterie, qui fut accepté.

Les maladies, la mort, la désertion avaient insensiblement réduit le chiffre des troupes de Mina, et ce ne fut qu'avec 304 hommes seulement, que le 11 avril 1817, il débarqua à Soto-la-Marina, petit port situé à plus de cent kilomètres au nord de Tampico. Malgré d'affligeantes nouvelles, Mina résolut de rejoindre les troupes insurgées des provinces de Guanajuato et Valladolid, de réunir les chefs en un grand conseil et de relever l'insurrection mourante.

Un pareil projet semblait insensé, car, pour le réaliser, il fallait traverser trois Etats, et battre constamment les troupes espagnoles. Néanmoins, il se mit en marche le 24 mai, défit, au Valle del Maiz, les Espagnols qui lui bar-

raient le passage, puis à l'hacienda de Peotillos ; il prit
ensuite la ville Real del Pino, dans la province de Zacatecas ; à san Juan de los Llanos, il tue Castanos qui,
n'ayant plus de munitions pour ses bouches à feu, remplaça
la mitraille par des piastres ; plus de cinq cents Espagnols
restèrent sur le champ de bataille, malgré cette prodiga-
lité singulière.

A la suite de ces faits d'armes et d'autres encore où la
poignée d'hommes qu'avait Mina devait souvent lutter,
des heures entières, un contre dix, Adrien Woll fut nommé
lieutenant-colonel attaché à l'état-major, pour le récompenser de sa bravoure et de son admirable conduite pendant cette campagne.

Les succès de Mina suscitèrent la jalousie des Mexicains
qui le trahirent comme ils avaient trahi Hidalgo et Morelos. Il fut fusillé le 11 novembre 1817, à l'âge de 28 ans,
un peu plus de six mois après son débarquement au
Mexique.

Des treize compagnons de Mina qui survécurent à leur
chef, Adrien Woll, et Jean Arago furent à peu près les
seuls qui n'abandonnèrent pas la cause de l'indépendance
mexicaine. Leurs brevets furent validés par le général
Iturbide qui reprit la cause de l'indépendance, l'acheva
et fut nommé empereur du Mexique le 22 mai 1822.

Mais les gouvernements commencèrent à se succéder
avec une rapidité vertigineuse à Mexico. L'empire fit
bientôt place à la république fédérale, puis à la république
centrale, puis à la dictature de Santa-Anna ; tous ces chan-
gements ne s'opéraient point sans effusion de sang. Lors
de la révolution dite de la Acordada, le président Victoria
restait à peu près seul au palais, n'ayant guère pour le
protéger contre la fureur des insurgés que les soldats du

lieutenant-colonel Adrien Woll, alors de service à Mexico.
Dans les mémorables journées des 2, 3 et 4 décembre 1828,
pendant lesquelles éclata cette révolution, Adrien Woll eut
deux chevaux tués sous lui, et, au péril de sa vie, sauva du
pillage et de l'incendie une partie de la ville de Mexico,
ce qui lui valut une manifestation de reconnaissance de
la part des notables commerçants et particulièrement des
étrangers résidant en cette ville.

Le 27 juillet 1829, un corps d'armée espagnol débarqua
près de Tampico, sous le commandement du général Bar-
radas, pour reconquérir le Mexique. Santa-Anna, alors
gourverneur de la province de Vera-Cruz, sachant qu'il ne
pouvait attendre aucun secours du gouvernement fédéral,
toujours paralysé par les partis qui se disputaient le
pouvoir, prit sur lui-même la responsabilité d'une expédition des plus téméraires, vu l'exiguité de ses moyens.
Prenant avec lui le lieutenant-colonel Adrien Woll et
quelques hommes, il trompa la surveillance des croiseurs
ennemis, débarqua le 11 août à la barre de Tuxpam,
continua sa route en pirogues, en canots et par terre,
ramassa quelques soldats et quelques paysans sur son
passage et vint prendre position à Tampico-el-Alto, à
douze kilomètres des Espagnols.

Santa-Anna prit l'offensive et lança ses petites colonnes
à l'assaut; une d'elles, commandée par Adrien Woll, était
chargée d'enlever le fortin de la Barra, défendu par
500 hommes, qui furent obligés de se rendre à discrétion,
après avoir perdu trois cents des leurs, ainsi que leur
commandant, le général Vasquez. Ce fait d'arme amena
la capitulation des troupes espagnoles qui remirent leurs
drapeaux et leurs armes aux Mexicains. Adrien Woll reçut
le grade de colonel d'infanterie pour son héroïque con-

duite au fortin de la Barra, et la distinction de porter à la capitale les drapeaux pris sur l'ennemi ; mais une grave blessure à la jambe l'empêcha d'accomplir son honorable mission.

En 1832, nous trouvons le colonel Voll, commandant en second la division de Jalisco, commandée par le général José de la Cuesta, qui se retirait sur Guanajuato, rudement poursuivi par des troupes insurgées contre le gouvernement légitime. José de la Cuesta, reconnaissant son incapacité militaire, laissa le colonel Woll le sortir de sa dangereuse situation. Après avoir mis son général en sûreté, le colonel repartit pour le Jalisco, prit Zamora de vive force, poursuivit l'ennemi avec une extrême vigueur, délivra Guadalajara, menacée par les ministériels, en traversant les *barrancas* de Atentique et Beltran, et faisant à Tasinastla, où il dérouta les insurgés, 400 prisonniers, avec 300 hommes seulement qui lui restaient de sa colonne.

Ces faits, et plusieurs autres semblables que nous omettons pour abréger, parurent incroyables, soit par la rapidité des mouvements, soit par le petit nombre des troupes que le colonel Woll devait opposer aux forces ennemies, soit par la nature des districts, presque impraticables, qu'il fallait traverser. Le général Bustamente, né dans les environs de la *barranca* de Atentique, était le plus incrédule de ceux qu'étonnaient les succès merveilleux du colonel, et quand il eut la certitude de ses victoires, il s'écria : « Il peut traverser l'enfer rien ne l'arrêtera »

Une lettre de Guadalajara datée du 23 novembre 1832, nous dit : « La nouvelle de la victoire du colonel Woll a été reçue avec la plus grande démonstration de joie ; les patriotes parlent de ses talents et de sa valeur avec enthou-

siasme; quelques uns auraient désiré que ce fut un Mexicain qui eût remporté ces succès. Je voudrais le voir
marcher sur Morelia, s'en emparer et s'unir ensuite
à Santa-Anna, cette expédition lui ferait un grand
nom. »

L'accomplissement de ce vœu fut retardé par suite d'un
pronunciamiento qui dérangea les plans du colonel Woll.
Tous les journaux de l'époque parlaient dans le même
sens de cette lettre; aussi trouva-t-on très-mérité le titre
de général qui lui fut décerné pendant cette étonnante
campagne. Le congrès ajouta, plus tard, à ce titre celui
« de: *Ciudadano Benemerito,* » citoyen ayant bien mérité,
et lui envoya son brevet par une commission formée de
deux sénateurs et de deux députés. Sur sept personnes
qui ont obtenu cet insigne honneur, le général Woll est le
seul étranger auquel le Mexique l'ait conféré.

Le général, loin de se reposer sur ses lauriers, se rendit à Mexico où l'on venait d'apprendre que la garnison
de Guadalajara voulait se soulever contre le gouvernement.
Chargé d'empêcher ce pronunciamiento, le général fran-
chit en trois jours, seul, à cheval, les 680 kilomètres qui
séparent Mexico de Guadalajara; il étouffa le soulèvement,
et renvoya cinquante-deux officiers à Mexico. Ensuite, à
la tête des troupes de cette même garnison, il marcha sur
Queretaro pour y attendre l'arrivée de l'armée du général-président, et força l'ennemi qui voulait occuper cette
place à se retirer sur Guanajuato.

En 1833, nous voyons le général Woll, passer à travers
l'ennemi avec 800 hommes seulement et prendre la ville
de Silao. Le choléra décimant les troupes dans ce bas-fond,
il fallut songer à se retirer à Queretaro. Le général Woll
fut chargé de protéger la retraite pendant laquelle il mou-

rait jusqu'à soixante hommes par jour. Séparé du gros
de l'armée avec sa petite brigade, il repoussa victorieuse-
ment toutes les attaques qu'il eût à essuyer pendant cinq
jours ; prenant même l'offensive quand l'ennemi s'approchait de trop près, il lui infligea des pertes graves, au
Guaje, et lui fit des prisonniers. En route, il ramassa, des
autres brigades, plus de 2,000 soldats malades où traînards
qu'il ramena à Queretaro, au moment où on ne l'attendait
plus. Sa belle conduite, dans ces tristes circonstances, fut
l'objet d'un ordre-du-jour général.

A cette époque eut lieu la plus étrange des révolutions,
à la suite de laquelle on vit le président Santa-Anna se
battre contre ceux qui voulaient le nommer dictateur. Les
généraux Arista et Duran soulevèrent leurs troupes contre
le gouvernement. Le général Arago, chef d'état-major de
Santa-Anna envoya de suite l'ordre au général Woll de
défendre Queretaro et d'occuper l'ennemi pour donner au
président le temps d'arriver. Arista, craignant d'être pris
entre deux feux, vint se renfermer et se fortifier dans
Guanajuato, dont le siège se fit aussitôt avec toutes les
forces dont disposait Santa-Anna. Le général Woll fut
chargé de prendre le fort de Valenciana qui commandait
la place. Voici ce qu'il écrivait le 5 octobre 1833, sous les
murs de Guanajuato, au général Arago.

«... J'ai attaqué Valenciana que j'ai pris de force à la
tête du 12ᵉ de ligne. On avait donné l'ordre de ne laisser
en vie aucun officier ; mais j'ai contenu mes troupes. Les
officiers étaient à genoux, quand arriva Mejia qui, s'éton-
nant de ce que nous n'avions pas tué ces malheureux, me
donna l'ordre de les faire fusiller. Je résiste ; il se fache
et me demande si je veux obéir. Je répondis que non. —
N'êtes-vous pas général mexicain, me dit-il ? — Oui senor,

je suis général mexicain pour me battre, mais non pas pour fusiller personne. — Eh bien allez vous présenter au général-président, vous êtes aux arrêts. — Avec plaisir, senor, parce que cet arrêt, le seul qui m'a été infligé, m'honore beaucoup. Je m'en allai, mais à peine eus-je fait cent pas que je reçus, de Mejia même, l'ordre de continuer l'attaque, avec ma brigade et trois pièces, sur le Mellado, jusqu'au moment ou Arista demanda à parlementer.

La prise des forts de Valenciana, Mellado, où le général fit 600 prisonniers, et Gerona forçait les insurgés à se rendre à discrétion; ils eurent la vie sauve et furent ramenés prisonniers à Mexico. La guerre civile pouvait être considérée comme terminée, après la prise de Guanajuato et la reddition des principaux chefs; mais quelques guerillas infestaient encore le Michoacam et la province de Oajaca. Le général Woll fut chargé de les poursuivre, et s'acquitta si bien de sa mission, qu'avec 800 fantassins, il mit en déroute 1,000 cavaliers, leur enleva tous leurs bagages et prit Puruandiro, dernier boulevard de l'insurrection. Ce fait d'armes valut aux vainqueurs une médaille commémorative, délivrée par le gouvernement suprême.

Les répugnances du peuple pour la république fédérale amenèrent la révolution de Zacatecas, en 1835. Santa-Anna, pour empêcher l'insurrection de se développer, prit avec lui 3,000 vétérans et le général Woll pour chef d'état-major. Arrivé à Posillos, il intima l'ordre à Cosio, gouverneur de Zacatecas, de se rendre. La milice de Zacatecas, forte de 11,000 hommes bien armés, et protégée par dix pièces d'artillerie, vint se mettre en ligne de bataille dans la plaine de Guadalupe, adossée à la ville. Santa-Anna arriva dans la plaine pendant la nuit et donna l'ordre au général Woll d'aller reconnaître Guadalupe. Il était quatre heures du matin. Woll part, suivi de son ordonnance, passe derriere l'armée, entre dans la·place, rencontre le capitaine Romanco, aide de camp du général Garcia, le fait prisonnier et retourne au quartier général.

Tout cela ne se fit pas sans bruit. Les sentinelles tirent sur le général Woll; les coups de feu éveillent l'ennemi; Santa-Anna n'attend pas que la milice vienne l'attaquer et donne aussitôt l'ordre du combat. Après une bataille sanglante qui dura deux heures, le président remporte la victoire, force 150 officiers et 2,500 soldats à se rendre, et s'empara de presque toute l'artillerie. Puis il envoya le général Woll avec cinquante lanciers à Zacatecas, et le fit suivre de près par le bataillon du colonel Paredès. Woll enlève l'une après l'autre les fortifications établies dans la gorge qui précède la ville; arrivé sur la place de Zacatecas, au milieu d'un feu meurtrier, il commande aux troupes insurgées qui garnissaient les redoutes et les terrasses des maisons de cesser le feu; elles hésitent, mais en voyant déboucher le bataillon de Paredès, elles obéissent et l'insurrection est vaincue.

L'insurrection du Texas, en 1836, vint encore fournir au général Woll l'occasion de montrer son sang-froid, sa bravoure et ses talents militaires. Santa-Anna se chargea de reconquérir ce pays qui s'était déclaré indépendant. Le général Woll commandait la brigade d'avant-garde. Comme la saison des pluies approchait, il fallut franchir à marches forcées les 1000 kilomètres qui séparent Mexico de San Antonio, de Béjar principale ville du Texas et qui devait servir de base d'opérations.

Le général Woll, se frayant un chemin à travers les déserts du Béjar, arriva le 23 février aux portes de San

Antonio, sans que les Texiens se doutassent de son approche. Se mettant à la tête des colonnes d'assaut, il prit la ville et le fort de l'Alamo, (situé sur une colline derrière San Antonio,) malgré la résistance désespérée des Américains.

La prise de San Antonio et de l'Alamo jeta une telle stupeur parmi les ennemis qu'ils se sauvaient constamment sans attendre les Mexicains lancés à leur poursuite. Cette fuite enhardit les généraux Mexicains, au point qu'ils ne prenaient plus de précautions dans leur marche en avant. Après avoir traversé le rio de Gonzalès avec de l'eau jusqu'aux épaules et pris la ville de ce nom, le général Woll, attristé de ce manque de prudence militaire, écrivit au général Santa-Anna pour lui faire part de ses succès, puis il termine sa lettre par ces paroles prophétiques: « Si l'on n'agit pas méthodiquement et avec prudence, si l'on s'aventure avec précipitation, si l'on veut en finir trop vite, peut-être les mêmes revers, éprouvés par Charles XII, nous attendent.— Camp du Colorado, 23 mars 1836. — »

Ce ne fut pas seulement au désordre qui régnait dans l'armée mexicaine, ni à l'impatience de Santa-Anna qu'il faut attribuer la triste fin de cette expédition, mais c'est surtout à l'incapacité du général Filisola, commandant en second. Santa-Anna, laissant le général Woll au Paso de Atascosito pour organiser le passage du Colorado, n'attendit pas l'arrivée des corps d'armée de Filisola; il prit avec lui environ 600 hommes, chercha un gué, se mit à la poursuite de l'ennemi, le rencontre le 20 avril, à San Jacinto, se fait battre, et finit par devenir prisonnier des Texiens, deux jours après.

Filisola, en apprenant que Santa-Anna était prisonnier ainsi que les officiers et les troupes qu'il avait avec lui,

envoya le général Woll en parlementaire pour connaître les clauses de l'armistice conclu entre les chefs des belligérants. Le général Woll arriva au camp des Texiens, le 30 avril. D'abord, fort bien accueilli, il put voir Santa-Anna et Almonte, (alors un des colonels prisonniers); à tous les officiers il distribua de l'argent, et rendit les services qu'il put; mais craignant qu'il ne s'opposât à la retraite projetée par Filisola, les Texiens le retinrent sous différents prétextes contre le droit des gens, et malgré ses énergiques réclamations; plusieurs fois il faillit être assassiné; il ne dut la vie qu'à son sang-froid, à son courage, et fut obligé en maintes circonstances de mettre le sabre à la main.

Santa-Anna avait une telle confiance dans les capacités militaires et l'intégrité de caractère du général Woll qu'il lui remit avec de pleins pouvoirs, sa signature en blanc, pour prendre à Filisola, général de contrebande et d'origine italienne, son commandement, réorganiser l'armée, se mettre à la tête des troupes et battre les Texiens. « N'importe qu'on me tue, lui disait-il, le principal est de sauver l'honneur mexicain. » Mais les Texiens se doutaient de ce projet et le firent avorter en retenant le général Woll ; ils préféraient voir devant eux Filisola, toujours disposé à battre en retraite et qui préférait les panaches à la poudre, que le général Woll qui ne reculait jamais. On verra plus loin qu'ils avaient raison.

A Columbia, à San Jacinto, à Vittoria, le général essuya les attaques des Texiens qui tiraient sur lui en criant : « Mort au général Woll. » Il aurait fini par succomber sous les coups de la sauvagerie texienne, sans le secours du capitaine Fischer, commandant de l'escorte qu'on lui avait donnée, sous le prétexte de le protéger mais en réalité pour l'empêcher de rejoindre l'armée mexicaine.

Dans la plaine de Coleto, un soldat de cette escorte tira même sur le général deux coups de pistolet à bout portant, et s'enfuit dans les bois. Enfin, ayant été abandonné par ces misérables qui devaient le reconduire aux avant-postes mexicains, le général Woll, avec son aide-de-camp et deux ordonnances, fut obligé de traverser à pied plus de 320 kilomètres de désert, n'ayant pour toute nourriture qu'un peu de farine, et que des armes blanches pour se défendre contre les indiens et les bêtes fauves. Après cinquante-deux jours de fatigues inouïes et de privations de toutes sortes, le général Woll et ses quatre compagnons arrivèrent à Matamoros où l'armée mexicaine venait de rentrer.

Nommé major-général de l'armée du nord, le général Woll dut bientôt se mesurer de nouveau avec les Texiens. Avec 900 hommes, dans le courant de l'année suivante, il mit en déroute au rancho de Tio-Fuentes une colonne de 1000 Américains ; mais, tandis qu'il poursuivait ses succès, il apprit l'expédition du prince de Joinville contre le Mexique. Lorsque la flotte française arriva dans les eaux de Vera-Cruz, au mois de novembre 1837, le général Woll envoya sa démission au président Bustamente, qui la refusa, l'assurant qu'il ne serait jamais obligé de tirer l'épée contre ses compatriotes. Le général n'en persista pas moins dans sa résolution, et, Bustamente ne voulant pas, en acceptant, priver la république de son meilleur officier, ni briser une carrière si glorieusement poursuivie, lui accorda un congé, pendant lequel le général Woll voyagea aux Etats-Unis.

Le 17 octobre 1841, le général Woll reçut l'ordre, de Santa-Anna, nommé président de nouveau, de préparer une expédition contre le Texas. Voici ce que lui écrivait le président, à ce sujet, le 28 janvier 1842... « Quant aux ordres qui vous ont été communiqués et le mouvement que je vous ai ordonné d'exécuter sur le Béjar, vous devez comprendre que le moment est venu de prendre l'initiative contre les aventuriers du Texas. Il y a déjà longtemps que nous dormons dans les bras de l'infamie et de la dégradation, grâce à l'ineptie et à la poltronnerie d'un général. — Filisola — qui s'intitulait second en chef, et à l'apathie de l'ancienne administration, tandis que les Texiens ne cessaient de travailler pour s'assurer nos terres ; mais il n'était pas possible de continuer ainsi, et le gouvernement s'efforcera de dissiper et de détruire ces odieux ennemis de la nation. »

Mais les généraux Arista, Canales et les autorités supérieures des frontières qui s'enrichissaient par la contrebande avec les Texiens, suscitèrent une multitude d'obstacles à cette expédition ; le général Woll dut même engager son crédit et faire usage de ses propres ressources pour compléter les sommes dont il avait besoin et que les autorités locales refusaient de lui fournir.

Enfin, le général Woll, pressé par la saison des pluies se mit en route pour San-Antonio avec 1300 hommes ; il s'avança dans le nord, traversa le Nueces et le Rio-Frio, non loin de leurs sources, pour éviter des combats inutiles et les diffiicultés du passage de ces rivières. La route qu'il traça dans ces déserts prit son nom et s'appelle encore ; « *Général Woll's road.* » Il arriva à l'improviste devant la ville, musique en tête. Ses musiciens, étonnés de n'avoir pas entendu siffler de balles pendant cette longue marche, pénêtrent dans les rues, à la faveur d'un brouillard épais, et font entendre les airs nationaux. Ce n'était guère le moyen de surprendre l'ennemi. Les Texiens accourent aussitôt et font feu au hasard. Le général Woll se met alors à la tête de sa première colonne, sabre au poing, enlève la ville d'assaut, puis l'Alamo où les Texiens s'étaient réfugiés, et leur fait de nombreux prisonniers qu'il ne fusille pas, malgré l'ordre qu'il en avait reçu.

Le 18 septembre, c'est-à-dire une semaine après la prise de San-Antonio, il apprend que 4,000 Texiens viennent l'attaquer; le général vole aussitôt à leur rencontre, pour les battre en détails, avec la moitié de son effectif, laissant l'autre moitié dans la ville. Au Salado, il se trouve en présence de 1000 Texiens embusqués dans la forêt. Traverser la rivière sur le flanc gauche de l'ennemi, l'attaquer et l'obliger à fuir en cédant le terrain, fut l'affaire d'un moment. Sur ces entrefaites une colonne de cavalerie arrive sur l'arrière-garde des Mexicains. Le général alors fit faire volte face à quelques-uns de ses dragons pour recevoir la charge de l'ennemi; mais les premiers tombent sous le feu des Texiens, les autres hésitent et leur colonel vient demander des cartouches au général. — « Pas de cartouches à la cavalerie qui a des lances et des sabres, répond le général, pied à terre, qu'on me suive et en avant. »

L'ordre est exécuté et tous les Texiens sont sabrés ou tués à coup de lance; cinq prisonniers seulement échappèrent à la mort.

De retour à San-Antonio, le général reçut l'ordre de ne pas poursuive la campagne, à cause du manque de ressources, et de se retirer sur le territoire mexicain. Avant de partir, il organise un convoi de 150 chariots pour les familles qui fuyaient les persécutions des Texiens, et les fait escorter pour les mettre en sûreté. Le 22 septembre, il arrive à Arroyo-Hondo. où 1400 ennemis venaient à sa rencontre. Le général dispose aussitôt 500 hommes en embuscade, et, quand les Texiens se sont bien avancés, il commande le feu. L'avant-garde ennemie, surprise et décimée, se sauve, met le désordre dans tout ce corps d'armée, qui prend la fuite, laissant sur le champ de bataille un grand nombre de morts et de blessés. Un officier et deux hommes se cachent pourtant et tentent d'assassiner le général en lui tirant deux coups de fusil; mais ils le manquent et se sauvent ensuite de toute la vitesse de leurs chevaux.

Cette campagne, courte, rapide et glorieuse, fut approuvée comme elle le méritait par le gouvernement de Mexico qui décréta une décoration pour les officiers et une plaque d'honneur pour leur général; celui-ci fut en outre nommé commandant en chef de l'armée du nord, en remplacement du général Reyes. Sur tout le parcours de ce petit corps d'armée la population des ranchos et des villes se précipitait au devant du général Woll pour le complimenter et le fêter. A San Fernando de Rosas, il fut traîné sur un char de triomphe et dut passer sous une longue file d'arcs de verdure et de fleurs. Pour toute récompense, le général Woll demanda la vie sauve des prisonniers !

Une troisième expédition au Texas allait être confiée au général, en 1843; mais elle avorta, par suite de négociations entamées entre le gouvernement de Mexico et les Texiens. Une fois à Matamoros où se trouvait le quartier-général de l'armée des frontières, le général Woll mit de l'ordre dans l'administration des finances de tout le pays placé sous son commandement. Les généraux avaient l'habitude de négocier, à raison de 3 pour 100 de bénéfice, les sommes qu'ils recevaient en piastres neuves pour payer leurs troupes. Le général fit cesser ce trafic, en en faisant bénéficier les troupes elles-mêmes. Ensuite, il mit en adjudication les fournitures de l'armée; par cette mesure, il obtint, pour le compte du trésor, un bénéfice de 13 pour 100, sur le prix ordinaire de ces fournitures. Mais Santa-Anna se laissant influencer par les fournisseurs laissa bientôt continuer l'ancien système au moyen duquel les contractants et leurs intermédiaires faisaient des fortunes scandaleuses. Peu s'en fallut même que le général ne fut réprimandé de prendre autant à cœur les intérêts du gouvernement et de ses troupes. Au Mexique, on n'était point habitué à pareille honnêteté; le désintéressement et la délicatesse du général Woll parurent toujours si extraordinaires aux Mexicains que tout en l'en estimant et le respectant davantage, ils ne comprenaient pas ce caractère loyal, franc et d'une intégrité proverbiale.

La révolution d'Alvarez, en 1854, fournit au général Woll l'occasion de remporter de nouveaux lauriers. Nommé général de division, — grade qui correspond à celui de maréchal, — puis commandant de toutes les forces de l'intérieur, il partit de Istlahuaca pour Toluca avec une brigade, dans le but de pacifier le nord de Mexico. Informé que le général Salas, n'ayant que 700 hommes, était aux prises avec 4,000 insurgés, il vola à son secours par une contre-marche, le dégagea, en mettant l'ennemi en déroute et lui faisant près de 2,000 prisonniers à la Huertas, Réuni au général Salas; il traversa les montagnes de Toluca, et, après avoir fait 90 kilomètres environ dans une seule journée, terminée par une pluie torrentielle, il arriva sur la place de Zinacantepec à minuit, et s'assura, en faisant lui-même l'appel, que pas un seul de ses soldats n'était resté en arrière; fait vraiment merveilleux dans une pareille marche forcée.

A mesure que cette pauvre république mexicaine avançait en âge, les révolutions s'y succédaient avec une effrayante rapidité. Toujours du côté de l'ordre et de la légalité, le général Woll, ne connaissant que son devoir et l'honneur militaire, résista constamment aux offres séduisantes qui lui furent faites pour l'engager à se ranger dans un parti qui répugnait à sa conscience. Le gouvernement légal n'hésita jamais à confier au général les tâches les plus difficiles et les plus épineuses, sachant que, quelles que fussent les sympathies de ce brave vétéran, il remplirait toujours ses devoirs militaires et servirait fidèlement sa patrie adoptive, tant que l'honneur du soldat ne serait point engagé.

En 1859, la guerre civile suscitée par Juarez, aidé de Degollado, Uraga et d'autres tristes personnages, bouleversa le pays de la plus horrible façon, et le réduisait dans la plus profonde misère. Tandis que Marquez et Miramon cherchaient des expédients pour donner du pain, des habits et des munitions à l'armée nationale, le général Woll battait les dissidents dans l'intérieur du Mexique.

Le 21 mai, il se trouvait à Salamanca avec la division qui portait son nom. Apprenant que le général Mejia se retirait devant des forces supérieures, — 6000 hommes, — Woll, avec son escorte, partit aussitôt pour le rejoindre, et arriva dans la nuit à Irapuato, où se trouvait son collègue. Le lendemain, à la pointe du jour, 1400 hommes de sa division arrivaient au moment où les avant-postes, placés hors de la ville, se retiraient en annonçant que le détachement d'observation, en faction sur le chemin d'Irapuato à Silao, avait été surpris, défait et son commandant pendu.

Sans perdre de temps, le général Woll fit prendre les armes à ses soldats, se plaça à la tête de la 1re brigade et

sortit de la ville avec Mejia ; le reste de ses troupes devait
le suivre avec le général Cruz. Malgré les fatigues de la
veille et la marche de nuit, les dissidents furent poursui-
vis jusqu'à la Calera, où 2000 carabiniers embusqués derrière des murs firent un feu très-nourri contre les troupes
nationales. Mejia fut obligé de se retirer avec ses soldats
qui fuyaient. Alors Woll lança 300 cavaliers, comman-
dés par un de ses colonels, pour rétablir le combat, et lui-
même, en tête de deux compagnies, courut pour soutenir
Mejia, en attendant l'arrivée de trois colonnes parallèles
auxquelles il avait donné l'ordre de presser le pas.

Les dissidents, en voyant la marche rapide de ces deux
compagnies d'infanterie, qui débordaient déjà leur ligne de
bataille, commencèrent à faiblir ; mais apercevant au loin
les trois colonnes qui venaient les attaquer de front, ils ne
les attendirent pas et se débandèrent. Mejia et Cruz les
poursuivirent alors avec de l'infanterie et leurs 300 cavaliers, et en tuèrent un très-grand nombre. Le résultat de
cette journée fut immense, en ce sens que l'armée insur-
gée fut coupée en deux et presque détruite.

Le 30 mai, le général Woll continua sa marche en avant
contre les débris de cette armée, commandée par Zua-
zua, Zaragoza et Guadalupe Garcia ; il les atteint à la Calera, les attaque immédiatement et les défait de nouveau.
Dans cette affaire, les dissidents laissèrent sur le champ
de bataille 400 hommes tués, blessés ou prisonniers.

Le 21 juin, Woll revient à Irapuato, avec les généraux
Alfaro, Velez et Cruz, au secours de Mejia attaqué par
5000 dissidents ; il le dégage ; puis, après avoir accordé
vingt-quatre heures de repos à ses troupes, il court à
Silao, espérant y trouver les révolutionnaires ; mais ceux-
ci l'ont évacué pendant la nuit pour aller se fortifier

à la Luz. — riche mine d'or et d'argent près de Guanajuato.

Le général les y poursuit, mais ils ne l'avaient pas
attendu et s'étaient sauvés, emportant avec eux 170,000
piastres prises à l'hôtel des monnaies de Guanajuato. Ils se
sauvaient avec tant de rapidité, perdant par la désertion
plus de la moitié de leur effectif, que le général renonçant
à l'espoir de les atteindre, établit son quartier-général à
Celaya, ordonna à Mejia de se rendre à Queretaro, et fit
occuper Guanajuato par la brigade du général Velez.

Le 31 août, Woll partit de Guanajuato où il se trouvait
en ce moment, avec 800 fantassins et quatre pièces d'artillerie, et se dirigea sur Leon occupé par Doblado, Qui-
roga et d'autres chefs, avec 3000 hommes et cinq canons.
Arrivé à 6 heures du soir à l'entrée de la chaussée qui con-
duit à Leon, il y trouva le général Pacheco chargé de la
défendre avec 200 auxiliaires. Le combat commence et ne
se termine qu'à la nuit. Après avoir dispersé l'ennemi qui
défendait la chaussée et lui avoir pris un canon, il fallut
adopter une résolution immédiate, car les troupes avaient
fait 60 kilomètres sans avoir eu le temps de manger. Une
colonne d'attaque est aussitôt formée; elle a l'ordre d'ob-
server le plus grand silence. Le général Woll se met à la
tête, et en débouchant dans l'Alameda, il fait sonner la
diane. En ce moment on cria : *qui vive !* C'était le bataillon
de Zacatecas sur la droite et deux escadrons de cavalerie
sur la gauche. L'instant est solennel. « Voici le général
Woll ! Bas les armes ! » cria le général ; et l'ennemi aussi
surpris qu'épouvanté obéit. Tout le bataillon est fait prisonnier avec son drapeau. Cet exemple est suivi par les
deux escadrons, et Woll s'empara de la ville. Alors arri-
vait sa cavalerie de Salamanca, mais il était nuit, elle

dut se reposer jusqu'au matin, avant de poursuivre ceux qui s'étaient échappés, grâce à l'obscurité. Doblado était parmi les fuyards.

Après cette héroïque action, le général marche sur Aguascalientes dont il s'empare; puis avec 1000 hommes il poursuit le corps d'armée d'Ortega qui pille en passant l'église de Zacatecas. Woll avec son avant-garde atteint le général révolutionnaire à l'hacienda de la Conception, mais le peu de vigueur mis par sa cavelerie à maintenir le combat jusqu'à l'arrivée du reste des troupes, permet à Ortega de fuir à Durango, où le général Woll arrive après lui. A Durango, Woll reçoit une dépêche qui mit fin à cette poursuite échevelée et le fit retourner en arrière jusqu'à Guadalajara pour y prendre le commandement du 1er corps d'armée.

La capture faite par les Américains, des steamers qui portaient à Vera-Cruz pour le président Miramon, des vivres et des munitions, obligèrent celui-ci à lever le siége de cette ville. Sa retraite sur Mexico laissa Juarez maître des ressources les plus importantes de la république, et le parti révolutionnaire devint plus fort que jamais. Les troupes nationales subirent alors des échecs sérieux. Le général Romulo Diaz, de la Vega fut battu par Uraga à Santa-Rosa. Velez, malgré les ordres formels de Woll d'attendre un renfort qu'il lui amenait, se jeta dans les montagnes d'Ameca, avec 1600 hommes, à la poursuite des dissidents ; ceux-ci s'arrêtèrent dans une bonne position, et Velez fut si bien battu qu'il s'échappa presque seul du champ de bataille.

Les débris de cette colonne, 400 hommes environ se réunirent à Zapotlam. A l'effef de protéger leur réincorporation, le général Woll alla au devant d'eux. Mais en

arrivant à Sayula, il apprit que cette force avait abandonné cette ville pour se réunir à la brigade du général
Calatayud, dans Colima. Alors il revint à Guadalajara ;
mais l'ennemi, fort de 2000 fantassins et 3000 cavaliers,
l'entoura de toutes parts dans l'immense plaine de Sayula
à Zacoalco, le tiraillant constamment jusqu'à ce que,
arrivé à Crucero, il lui fit un feu nourri derrière les murs
les haies et les habitations de cette localité. Woll n'avait
que 800 fantassins et 200 chevaux à leur opposer ; néanmoins sortant du débouché de Crucero pour entrer dans
la plaine de Santa-Anna Acatlan, il forma sa troupe en
carrés, plaçant au centre les munitions, l'artillerie et les
bagages, et résista de la sorte aux attaques de front, de
flanc et d'arrière-garde des révolutionnaires.

Harcelé sans-cesse, il fit éprouver aux dissidents des
pertes considérables, et, après mille dangers, il rentra
dans Guadalajara, combattant sans relâche, pendant qua-
torze heures et marchant sans avoir pris aucune nourriture. Cette retraite du général Woll, lui acquit autant de
gloire qu'une de ses plus brillantes victoires. Une retraite
est toujours une opération dangereuse, surtout pour les
Mexicains qui se sauvent de suite en désordre dès qu'ils
reculent. Le général Woll est le seul homme qui sut, au
Mexique, opérer une retraite en bon ordre, et la méta-
morphoser en succès. Dans les vastes plaines qui s'éten-
dent de Queretaro à Leon, de Sayula à Crucero, et de Guadalajara, quand il opérait une retraite, il se mettait constamment à l'arrière-garde, pour encourager ses soldats
par le mépris du danger ; puis il laissait approcher l'ennemi jusqu'à vingt pas ; alors il ouvrait ses carrés et faisait un feu de mitraille et de peloton, presque à bout portant, de sorte que les pertes de l'ennemi étant toujours

considérables, elles lui donnaient le temps de continuer sa route en bon ordre.

Les dissidents enhardis par leur nombre et différents avantages remportés sur les troupes nationales, résolurent de profiter du pitoyable état dans lequel se trouvait la garnison de Guadalajara, à la suite de ces événements, et de s'emparer de la ville. Les généraux Ogazon et Valle vinrent attaquer Woll avec 5,000 hommes. Celui-ci, connaissant l'esprit mexicain, savait qu'en voulant se fortifier dans une ville dépourvue de murs, de bastions et de fossés, il risquait de déconcerter ses troupes, d'effrayer les habitants et d'encourager les dissidents, il préféra les tenir en échec hors de la ville et leur en interdire l'entrée.

Cette tactique lui réussit à merveille, et pendant onze jours il tint les insurgés à distance. Sur ces entrefaites arriva Uraga avec un corps d'armée de plus de 10,000 hommes, soutenus par 44 pièces de canons. Woll n'avait que 2,500 combattants et 16 pièces d'artillerie pour lui résister et défendre une place ouverte de tous côtés. Obligé de se retirer au centre de la ville, il attendit l'attaque en se préparant à la plus vigoureuse résistance, Uraga, comptant sur ses forces, et se rappelant son ancienne amitié pour le général Woll, lui écrivit la lettre suivante :

« San Pedro, 23 mai 1860. Monsieur le général. — J'ai donné l'ordre à mes troupes de camper demain soir à Guadalajarra, et elles l'accompliront. Si je pensais que la proposition que je vais vous faire est incompatible avec l'honneur d'un vieux soldat, je me garderais bien de vous l'adresser ; mais telle n'est pas mon opinion ; car si vous attirez sur cette malheureuse ville les calamités de la guerre par une défense sans espoir de réussite, votre responsabilité et celle de vos officiers seront énormes. C'est donc pour éviter de si grands maux que je vous somme de vous rendre, en garantissant la vie sauve à vous et à tous vos subordonnés, et je m'engage, en outre, à intercéder pour vous auprès du gouvernement constitutionnel, comme je l'ai déjà fait en faveur des prisonniers de Loma-Alto, qui sont aujourd'hui en liberté.

« Vous, monsieur le général, un des fils de la noble France, vous ne pouvez combattre dans votre patrie adoptive pour la cause de la barbarie et du fanatisme, ni reconnaître les bienfaits du pays qui vous a adopté en attirant sur lui les désastres de la guerre civile. J'en appelle donc à vos sentiments d'abnégation et de patriotisme, dans l'espoir que vous me répondrez péremptoirement avant six heures du soir. Quelle que soit votre résolution, je n'aurai pas à répondre d'un assaut et Dieu protégera la cause juste.

« Je vous prie d'agréer l'assurance de ma vieille estime pour vous et de me croire votre ami et serviteur.

« José-L. URAGA. »

A cette lettre, le général fit la réponse suivante qui décèle l'inébranlable fermeté de son caractère.

« Guadalajara, 24 mai 1860. Monsieur le général. — Vieux soldat et n'ayant d'autre devise que celle de l'honneur et du devoir, je ne puis rien faire de contraire à l'un ou à l'autre. Il est douloureux que le sang mexicain soit versé dans la guerre civile, il est déplorable que les villes soient exposées aux horreurs d'une pareille guerre, mais il serait encore plus douloureux et plus déplorable pour moi de souiller, à la fin de ma vie, une longue carrière militaire, en acceptant les propositions que vous me faites dans votre lettre d'hier, datée de San Pedro, à laquelle je réponds aujourd'hui.

« Si, après avoir pesé mûrement et consciencieusement les raisons exposées plus haut, vous persistez à entreprendre une attaque, soyez sûr que je ferai mon devoir, et Dieu donnera la victoire à qui la mérite. Quelle que soit l'issue du combat, ma conscience sera tranquille, j'aurai rempli mon devoir de soldat et de gentilhomme.

« Je suis avec les sentiments d'estime que je vous ai professés autrefois, votre ami et serviteur.

« Adrien WOLL. »

Au point du jour, le 24 mai, Uraga lança cinq colonnes d'attaque de 1,000 hommes chacune, commandées par ses meilleurs chefs, Contreras, Medellin, Bravo, Avila, Langlois et autres ; lui-même donna l'exemple de courage en payant bravement de sa personne. L'artillerie des dissidents soutint cette vigoureuse attaque par un feu très-violent. La défense fut encore plus tenace que l'attaque. Le général Woll, voyant une colonne ennemie se diriger sur un point occupé par une seule compagnie d'infanterie qui commençait à se replier, descend de cheval, prend le fusil d'un sergent, anime ses soldats, tandis qu'un de ses aides de camp va chercher la seule pièce d'artillerie restée en réserve et qui arriva au moment où la colonne allait pénétrer par ce point. La pièce, chargée à mitraille, fait à bout portant des ravages considérables dans la colonne qui s'arrête bientôt et se disperse ensuite.

Blessé grièvement à la jambe droite, par un éclat d'obus, le général Woll continue à donner ses ordres et se fait porter sur les bras de ses aides de camp, refusant de se laisser penser avant la déroute complète de l'armée dissidente. Celle-ci est enfin battue de tous les côtés et son général en chef blessé, se retire dans une maison. Après sa victoire et la dispersion des insurgés, Woll envoie chercher Uraga pour lui sauver la vie menacée par l'exaspération du peuple et des soldats ; amené près de lui, il ordonne aux médeins de s'en occuper avant de panser sa propre blessure, Uraga fut amputé à côté du lit du vainqueur qui refusa de le faire fusiller selon les ordres qu'il avait reçus, et quoique tel eût été son sort, d'après les aveux du vaincu, s'il avait perdu la bataille.

Pendant l'affaire du 24 mai, les dissidents perdirent 1000 hommes tués ou blessés, laissèrent 1200 prisonniers, 7 pièces d'artillerie et presque tout leur matériel entre les mains des troupes nationales. La blessure du général Woll le retint au lit pendant six mois ; elle l'obligea de se démettre de son commandement et de revenir en France pour se rétablir. Après la chute de Miramon, Uraga intrigua pour ôter à Degollado le commandement de l'armée juariste, et se fit nommer général en chef.

Le 31 octobre 1861, la France, l'Espagne et l'Angleterre signaient, à Londres, une convention, dont l'esprit a été généralement méconnu, à commencer par les représentants de ces trois puissances, chargés de la faire exécuter au Mexique. Une intervention avait été résolue, moins pour établir un ordre de choses légal dans ce malheureux pays, que pour sauvegarder la vie et les intérêts méconnus de leurs nationaux. L'archiduc Maximilien, influencé par son frère, l'empereur d'Autriche, son beau-père, le roi Léopold, et la commission mexicaine chargée officiellement, depuis 1854, de trouver en Europe, un souverain pour le Mexique, accepta la couronne impériale.

Les chefs de corps, qui commandaient l'intervention armée des trois puissances, ne comprirent pas mieux leur mission, que les diplomates chargés de faire exécuter la convention de Londres. Le général Woll, Almonte, Haroy Tamariz et d'autres Mexicains revinrent au Mexique pour aider de leurs conseils et de leur influence les généraux et les diplomates européens, mais ils furent à peine consultés, encore moins écoutés, de sorte que les fautes succédèrent aux fautes, et que l'intervention européenne finit par n'avoir d'autre résultat que de plonger le Mexique dans de nouveaux malheurs,

Nommé gouverneur de Vera-Cruz, le général Woll ne resta pas longtemps à ce poste ; voyant la manière pitoyable avec laquelle l'expédition française était conduite, il revint à Paris éclairer le gouvernement sur la situation morale, politique et militaire du Mexique et l'engager à faire exécuter la lettre impériale du 3 juillet 1862, adressée au général Forey, et qui traçait sagement la ligne de conduite que les autorités françaises devaient suivre au Mexique.

A son retour, le général Woll assista au siége de Puebla d'où il écrivait ironiquement à M. de Morny cette phrase « Ici, ce sont les lièvres qui tirent sur les chasseurs; » faisant allusion à l'étrange manière dont étaient conduites les opérations du siége.

A Mexico, il fut nommé membre de la Junte des notables, sorte d'assemblée constituante chargée d'établir un gouvernement national. Il fut également nommé président de la commission pour la révision des brevets militaires et membre de la Junte supérieure du gouvernement. Il fit ensuite partie de la députation envoyée à Miramar pour offrir officiellement la couronne impériale à S. A. I. et R. l'archiduc Maximilien, et revint au Mexique avec le nouvel empereur qui le nomma son premier aide de camp et chef de sa maison militaire.

Les conseillers que l'empereur Maximilien avait dans les membres de cette députation, composée de neuf personnes, pour éclairer sa conscience sur les besoins politiques, administratifs, financiers et sociaux du Mexique, laissaient beaucoup à désirer. Il les a tous consultés et n'a suivi les avis d'aucun. Cependant, il est fâcheux qu'il n'ait point écouté les conseils du général Woll, car il pouvait le mieux renseigner l'infortuné Maximilien sur les hommes et les choses du Mexique qu'il connaissait depuis cinquante ans. Etranger et militaire avant tout, le général était, sinon indifférent à toutes ces luttes des partis extrêmes, au moins juge impartial et sincèrement dévoué, au bonheur de sa patrie adoptive; mais son âge et sa qualité d'étranger, loin de plaider en sa faveur, furent les causes principales qui ne firent agréer ses renseignements que d'une manière platonique.

Quoique l'arrivée de l'empereur Maximilien fut accueillie dans tout le Mexique avec un enthousiasme frénétique, sa conduite vis-à-vis du parti conservateur ne laissa bientôt plus de doute sur la fin prochaine de l'empire. Accablé de chagrin et prévoyant les malheurs qui se préparaient, le général Woll, ne pouvant les détourner de dessus la tête de l'empereur, ni les éloigner en aucune manière, ne pouvait être un témoin impuissant, impassible de la chûte de l'empire. S'il eut prévu la catastrophe de Querctaro, il serait resté, malgré son âge, pour mourir au moins auprès de l'empereur ; mais ne la prévoyant pas, son caractère franc, loyal, honnête, ne lui permettait pas de sanctionner, par sa présence, des faits, qui ne pouvaient qu'aboutir au renversement du régime impérial.

Alors, profitant d'une mission que l'empereur lui confiait pour la France, le général Woll demanda sa retraite qui lui fut refusée ! Cependant il obtint un congé afin de pouvoir régler plus facilement ses affaires en Europe et prendre les soins impérieux que réclamaient l'état déplorable de sa santé et de nombreuses blessures reçues durant ses cinquante années de service actif, dont trente-deux en qualité de général. Le gouvernement lui devait encore plus de 200,000 francs de soldes non-payées et d'argent avancé de sa bourse privée, pour payer la solde de ses troupes. Le général Woll, par une lettre du 25 janvier 1865, fit cession de cette somme au Trésor, en échange de l'avance de payement d'une année de sa pension de retraite. Ce fut tout ce qu'il retira du gouvernement impérial, ainsi qu'une lettre de remerciements, -- 30 janvier 1865 — du ministre de la guerre qui lui déclare combien l'empereur avait été touché de son généreux désintéressement.

De retour en France, le général Woll choisit, pour se reposer de ses fatigues, la délicieuse villa de Chantilly, située aux portes de Montauban ; là, sous les ombrages de Chantilly, le général aimait à raconter une multitude de traits et de faits personnels d'un intérêt vraiment merveilleux, et que malheureusement on ne peut insérer dans les limites étroites d'une notice biographique.

Le général, en effet, avait beaucoup à raconter, car il avait une mémoire prodigieuse et se rappelait tous les incidents d'une vie aussi bien remplie que la sienne. Que d'hommes, que de célébrités, n'avait-il point connu de 1815 à 1865 ? Que d'événements curieux, extraordinaires, n'avait-il point vus pendant ce demi-siècle dans l'ancien et le nouveau monde ? Indépendamment de sa carrière militaire, que de missions n'a-t-il pas remplies, sans comp-

ter qu'il fut gouverneur des provinces de Colima, 1833 ; —
de Guanajato, de Queretaro, 1834 ; de la Basse-Cali-
fornie, du Texas, du Tamaulipas, 1853 ; — du Nuevo-
Leon, de Cohahuila, de Morelia, de Zacatecas, d'Aguas-
Calientes, 1859 : — du Jaliscod, et de Vera-Cruz, 1862 ?

Les services rendus au Mexique, par le général, lui valu-
rent les plus honorables distinctions qu'un soldat puisse
désirer. Décoré de la croix de l'Indépendance (1827), de
celle de Tampico (1829), en un mot de toutes celles dont le
gouvernement mexicain pouvait disposer, le général reçut
en 1836 et 1842 des décorations et des plaques créées exprès
pour récompenser des exploits exceptionnels, ainsi que la
croix de Constancia qui lui fut donnée en 1845, après trente
années de services comme officier supérieur. En outre,
après avoir été nommé chevalier en 1863, il fut fait com-
mandeur de l'ordre de la Légion d'honneur (1864), grand-
croix de l'ordre de la Guadalupe (1864) ; il était comman-
deur de cet ordre depuis 1854, et grand officier depuis
l'année précédente, grand croix de l'ordre de St-Grégoire-
le-Grand (1864), et grand croix de l'ordre de François-
Joseph, (1864)

Toutes les distinctions qu'il obtint au Mexique lui furent
données à la suite de quelques actions d'éclat. A la bravoure la plus impétueuse, il joignait un coup d'œil sûr,
une conception prompte, une activité prodigieuse, un
mépris extraordinaire pour le danger et un calme froid
dans le commandement. Son caractère noble, ses manières
distinguées, un cœur rempli de dévouement et de loyauté,
ainsi que son désintéressement, le faisaient aimer des troupes, estimer des chefs et respecter de tous. Le soldat avait
une telle confiance en lui que, sans solde, sans vêtement
et sans munitions, le général en faisait ce qu'il voulait,

car tous savaient que rien ne leur manquerait avec lui. Telle fut la cause de toutes ses victoires remportées sur des troupes quelquefois dix fois supérieures aux siennes en nombre. Le soldat l'aimait comme un père et sa confiance au général n'avait aucune limite.

« Dans la guerre, disait souvent le général, plus que dans toute autre chose, il faut surtout du bonheur. Pendant quarante-cinq ans de combats continuels, en lutte sans cesse avec un ennemi toujours supérieur en nombre, les événements ont été constamment en ma faveur, et les circonstances les plus insignifiantes, en apparence, devenaient des auxiliaires puissants pour m'assurer la victoire. » Par modestie, le général n'ajoutait pas qu'il préparait un peu ce *bonheur*, par l'affection et le courage qu'il savait inspirer à ses troupes, et par des talents militaires vraiment hors ligne. Néanmoins, il eut toujours le bonheur d'échapper sain et sauf de toutes les tentatives d'assassinat qui furent faites sur lui. Il avait la conviction qu'il ne mourrait point sur un champ de bataille, et c'est par suite de cette conviction que, lors de son expédition au Texas, il faisait toujours mettre ces mots en tête de l'ordre général : « *Dieu protège la seconde division.* »

Avec lui, les soldats étaient toujours sûrs de vaincre, de sorte qu'ils ne reculaient jamais. Après le combat de Arroyo-Hondo, quatre ou cinq sergents étaient autour d'un feu de bivouac. Un des sous-officiers, interpellant ses camarades, leur disait : « Ne vous l'avais-je pas dit, qu'avec ce général on est toujours sûrs de la victoire ? Je ne sais comment il fait, mais il gagne toutes les affaires, et j'avoue que pour une campagne, c'est le général avec lequel je préfère aller. »

Après le combat, on voyait souvent le général pleurer

ceux qui avaient succombé, et cette sensibilité qu'il a toujours conservée témoignait que le métier de soldat n'a jamais pu endurcir son cœur. Lui-même l'avouait : « La bataille terminée, disait-il, quand on lui faisait raconter ses campagnes, je m'attendrissais sur mes pauvres tués, sur mes soldats qui m'aimaient comme leur père et venaient de supporter avec un courage héroïque les plus grandes privations et les fatigues d'une longue marche. J'ai reçu bien souvent l'ordre de faire fusiller les prisonniers, jamais je n'ai pu m'y soumettre, m'exposant ainsi à des destitutions de peu de durée, il est vrai, et qui ne m'ont pas empêché de faire mon chemin. »

Son *chemin* a toujours été le même; dans la vie militaire ou politique comme dans la vie privée, il n'a suivi qu'un chemin : celui de l'honneur. L'intégrité de son caractère était en lui si naturelle qu'il avait de la peine à croire au mal, même chez ses ennemis politiques. Aussi, combien n'a-t-on point abusé de sa loyauté, de son honnêteté et de son désintéressement ? Combien de fois n'a-t-il pas été victime de la bonté de son cœur ? Combien de fois n'a-t-il pas sauvé de la misère, du déshonneur, du désespoir et de la mort des multitudes d'ingrats qui savaient qu'on ne faisait jamais en vain appel à ses généreux sentiments ? Hélas ! ce furent ses sentiments, bien plus que l'âge, qui le conduisirent au tombeau.

Les malheureux événements qui suivirent son départ du Mexique avaient tué de chagrin Gutierez de Estrada, principal promoteur de l'empire, et Almonte, président du conseil de régence. L'assassinat de l'empereur Maximilien, de Miramon, de Mejia et de ses autres compagnons d'armes frappa le général Woll au cœur. La guerre de 1870-1871, la commune et les malheurs de la France l'achevèrent.

Depuis cette époque la santé du général s'affaiblit à vue d'œil; ses blessures et ses rhumatismes rammassés sur les champs de bataille finirent par ne lui laisser de repos ni jour, ni nuit; ses douleurs n'avaient plus d'intermittances. Cependant il conserva jusque sur son lit de mort, au milieu de souffrances inouïes, ce talent de narration qui charmait tant ceux qui avaient le bonheur de l'approcher et de l'entendre. Peu de jours avant son dernier soupir, il étonnait encore ses amis par sa prodigieuse mémoire et ses récits pleins de poésie, de grandeur et de simplicité martiale.

Chrétien jusqu'au fond des entrailles, le général Woll pratiquait avec foi ses devoirs religieux. Il n'attendit pas la dernière heure pour appeler à lui, le Dieu des chrétiens; il le reçut plusieurs fois avant de mourir.

Une crise terrible, violente vint alors accélérer sa dernière heure. Enfin le 4 février 1875, muni des sacrements de l'Eglise, ayant atteint sa 80° année, et conservant toutes ses facultés intellectuelles, il rendit sa belle âme à Dieu, sans une tâche sur son nom, sans une lacune dans sa glorieuse carrière; il mourut comme il avait vécu, sans peur et sans reproche.

A LA MÉMOIRE

DE

L'EMPEREUR MAXIMILIEN

J'ai pendant cinquante ans, dans de nombreux combats,
Vu la mort moissonner des milliers de soldats ;
Je les ai vu tomber tout sanglants sur la terre,
Mutilés et noircis par les foudres de guerre ;
J'ai souvent entendu des blessés, des mourants
Les soupirs d'agonie, et les cris déchirants :
C'était dans le péril, sur le champ de bataille,
Quand les balles sifflaient, quand grondait la mitraille,
Quand éclatait l'obus !!! et calme je restais
En ces scènes de guerre auxquelles j'assistais !
Alors, qui m'aurait vu dans ce moment terrible,
Le regard toujours froid, le visage impassible,
Me croyant dénué de sensibilité,
Peut-être aurait douté de mon humanité ;
Mais après le combat, ce calme, en apparence
Si grand disparassait, et seul dans le silence,
Donnant un libre cours à mes justes douleurs,

Sur ceux qui n'étaient plus je répandais des pleurs.
Ils n'étaient plus, hélas! mais s'était avec gloire
Qu'ils avaient succombé, nous donnant la victoire;
Ils étaient Mexicains, de la mort des héros
Couchés avant le temps dans le champ du repos!

Depuis, tout est changé; d'incessantes alarmes
M'obsèdent sur le sort de mes compagnons d'armes,
Car déjà Miramon, Castillo, Mejia,
Robles, Uruhuela, Calvo, La Portilla,
Manero, Ramirez, et tant d'autres encore
Aux merveilleux exploits, et que l'Europe ignore
Ont rencontré la mort, non pas en combattant,
Mais après le cambat, fusillés lâchement.
La révolution n'use pas de clémence
Et malheur au vaincu qui tombe en sa puissance!
Juarez, comme aux temps des dieux des Mexicains,
Ordonne de nombreux sacrifices humains!

Triste effet des fureurs de la guerre civile,
Et dont conserveront la tache indélébile
Les fastes de ces jours d'anarchie et d'horreur
Signalés par la mort d'un auguste empereur!
Maintenant l'avenir de meurtre et de vengeance,
Comme l'enfer du Dante, interdit l'espéranee!

Il était beau, ce prince, au port majestueux,
Il était noble et bon, il était généreux,
Sensible, bienfaisant, et désireux de plaire
Peut-être cherchant trop la faveur populaire !
Tant de vertus ornant ce jeune souverain
Ne l'ont pas défendu du fer de l'assassin !
Son spectre ensanglanté, d'éternelle mémoire,
Au monde épouvanté rappellera l'histoire
D'un horrible attentat, et d'une trahison
A laquelle Lopez lègue son affreux nom !

Elle était belle aussi cette noble princesse,
Brillante de vertus, de grâces, de jeunesse,
Au regard exprimant une douce fierté,
Dont le maintien était rempli de dignité ;
Elle était charitable, et par sa bienfaisance
Aimait à soulager du pauvre la souffrance ;
Le peuple les aimait ces princes généreux
Dont le bonheur était de faire des heureux !
Pour prix de leurs bienfaits, l'un a perdu la vie !
L'autre, dans son malheur, fasse Dieu qu'elle oublie !

Ce prince était un fils de la maison d'Autriche,
En illustres guerriers dont la race est si riche,
Et dont le jeune chef, dans le monde est resté
Grandi par le malheur, justement respecté !

L'aide durant trois ans des soldats de la France
De Maximilien augmentait l'espérance
De pouvoir affermir le trône chancelant
Qui vient de s'écrouler si vite... et cependant
Quelques traîtres de moins, il règnerait encore
Et l'on commencerait à saluer l'aurore
D'une ère de grandeur et de prospérité,
Fruit bienfaisant de l'ordre et de la liberté
Qui sage et modérée, en résultats féconde
Devait régénérer au sein du Nouveau-Monde
Tout un peuple égaré dont l'empire naissant
Eût hâté le progrès, en se fortifiant !

J'étais en France, alors que comme le tonnerre
Le bruit de cette mort éclata sur la terre ;
Je devais, ayant fait mes apprêts de départ,
Aller à Vera-Cruz !... Mais il était trop tard !
Hélas ! je suis resté déplorant l'impuissance
Des stériles regrets de ma triste existence,
Lorsque pour ce héros que je pleure aujourd'hui
J'aurais voulu mourir en combattant pour lui !
Que Dieu permette un jour à ma douleur profonde
De pouvoir, éloigné du tumulte du monde
A genoux prosterné, prier avec ferveur
Four ce prince adoré qui fut mon empereur,

Et que je puisse, avant que la mort me surprenne,

Voir ses restes mortels dans le couvent de Vienne

Où reposent en paix tant de Rois ses aïeux,

Transportés promptement, et déposés près d'eux !

WOLL.

Ancien premier aide de camp de l'Empereur
Maximilien 1er

Mautauban, le 16 août 1867.

Imp. Jules Lançon, à Lons-le-S.